CHANSONS

INTIMES

PAR

ANT. LASÈGUE

PARIS

PERROTIN, LIBRAIRE-ÉDITEUR

1858

CHANSONS INTIMES

PARIS — IMP. SIMON RAÇON ET COMP., RUE D'ERFURTH, 1

CHANSONS

INTIMES

PAR

ANT. LASÈGUE

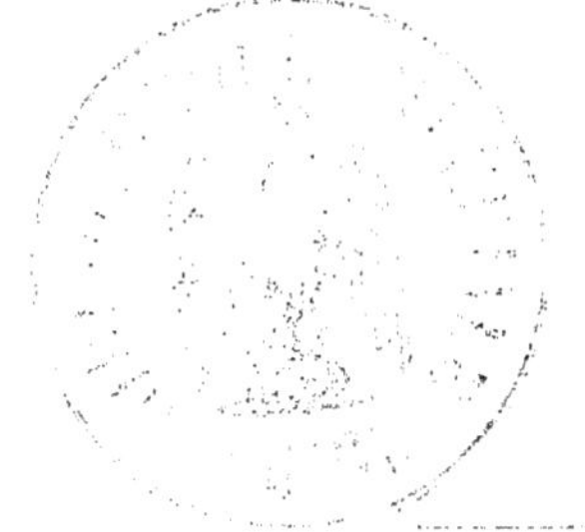

PARIS

PERROTIN, LIBRAIRE-ÉDITEUR

1858

MON CHER AMI,

Ces chansons que vous destiniez à un cercle d'amis
qu'elles ne devaient jamais franchir, nous les avons dé-
robées à votre modestie, et je les publie à votre insu.

Aussi ai-je la rare et singulière chance de vous dédier
vos propres œuvres.

Votre nom sera pour ceux qui vous connaissent un
suffisant patronage. Il deviendra bientôt cher à tous ceux
qui, fidèles à la vieille tradition de la gaieté qui se res-
pecte, aiment encore à chanter après dîner des refrains
honnêtes et joyeux auxquels s'associe la famille.

C. P.

CHANSONS

INTIMES

LA LUNE

Air de la Treille de sincérité.

Dans votre ardeur par trop commune,
Poëtes, amants qui larmoyez,
    Avec vot' lune
    Vous m'ennuyez !

Quand j' veux lir' les rim's si vantées
Des plus grands auteurs qu' nous ayons,
J' trouv' toujours des lun's argentées

D'avoir d'la haine éternell'ment.
La lun' mérit' qu'on la préfère
A d'autres astres moins voisins,
Et j' veux l'aimer à votr' manière.. ..
Quand ell' f'ra mûrir nos raisins !

Dans votre ardeur par trop commune
Poëtes, amants qui larmoyez,
    Avec vot'lune
    Vous m'ennuyez.

CE QUI MET EN TRAIN

Air : C'est le gros Thomas.

Au ton langoureux
Se prêtaient jadis mes paroles ;
Aujourd'hui je veux
Vous choisir des airs plus frivoles.
O gais chansonniers,
Panard, Désaugiers,
Vous qu'ici le bon goût approuve,
Guidez-moi pour que je retrouve
L'à-propos badin
Qui nous met en train.

Si je me livrais
Au chagrin dès qu'il me galope,
Bientôt je serais
Aussi bourru qu'un misanthrope.
Mais sans pistolet

Charbon ni lacet,
Moi je le chasse à ma manière
En cherchant au fond de mon verre
La pointe de vin
Qui nous met en train.

Dans un beau salon
Où l'on vient chanter la romance,
D'après le bon ton,
On écoute et bâille en silence.
Instruments et voix
Nous laissent bien froids,
Mais entre amis, sans étiquette,
Il suffit d'une chansonnette
Et d'un gai refrain
Pour nous mettre en train.

Las d'y sommeiller,
Le public fuyait nos théâtres ;
A le réveiller
Se sont mis vingt auteurs folâtres ;
Aussitôt paraît
Le drame complet,
Et, grâce à leur morale austère,
Suicide, inceste, adultère,
Mettent à la fin
Le parterre en train.

Je sais un Normand
Qui, voulant finir une affaire,
Quelquefois s'y prend
D'une façon bien cavalière :
Si son procureur
Plaide avec lenteur,
Mon fin matois qui le surveille
Fait résonner à son oreille
Un bruit argentin
Pour le mettre en train.

Voyez ce vieillard
Que la fièvre mène à sa perte ;
La mort assez tard
Tient pour lui la tombe entr'ouverte.
Avec déplaisir
Il se voit mourir ;
Mais un neveu, son légataire,
Fait bientôt venir un notaire,
Puis un chapelain
Pour le mettre en train.

Riches, ennuyés
Du faste où vous passez la vie,
Si vous le voyiez,
Mon grenier vous ferait envie.
Il n'est pas de roi

Plus heureux que moi
Quand j'ai, près d'un feu qui pétille,
Vieille bouteille et jeune fille
Au regard lutin
Qui vous met en train.

Pour vous égayer
A l'heure où l'on veut se distraire,
Je viens d'essayer
Une chanson un peu vulgaire.
Mais dans ses accents,
Amis, je le sens,
Il manque à ma verve indocile
Ce je ne sais quoi difficile
Et ce trait malin
Qui vous met en train.

MERCI, J'AI SOUPÉ!

Air : A soixante ans.

N'y a pas longtemps qu'à la p'tite Émilie
J' voulais conter un peu du sentiment ;
Mais sans tarder j' suis r'venu d' ma folie,
Et tout d'un coup j' l'ai lâchée, et viv'ment !
Par des galants qu' avaient l' moyen d' lui plaire,
Trouvant toujours son logis occupé :
Assez, ma p'tit', que j' dis, je n' t'écout' guère,
Plus qu' ça d'amants ! Merci, moi j'ai soupé !

J' suis d'venu rich', tu sais mon héritage,
J' veux qu'à ma tabl' ton couvert reste mis,
M'disait Gros-Pierr', maint'nant j' fais d' l'étalage
Et par centaine on compt'rait mes amis.
Depuis l' moment qu' j'ai z'eu du numéraire,
Autour de moi tout ça s'est attroupé...
Assez, mon p'tit, que j' dis, je n' t'écout' guère,
Plus qu'ça d'amis ! Merci, moi j'ai soupé !

J'entr' l'autre jour à c' qu'on appell' la Chambre,
Puisqu'il est dit qu' chacun en a le droit ;
C' n'est pas parc' que nous étions en décembre,
Mais malgré ça j' réponds qu' c'était ben froid.
V'là qu'en v'là z'un qui parle une heure entière,
J'enfil' la porte, et quand j' suis décampé :
Assez, mon p'tit, que j' dis, je n' t'écout' guère;
Plus qu' ça d' discours ! Merci, moi j'ai soupé !

Dis donc, Cadet, si c'est ben vrai qu' tu m'aimes ?
A son amant comm' ça parlait Manon,
Pour suivr' la mod', viens, nous allons nous-mèmes
Nous asphyxier avec un' voi' d' charbon.
Si c'est moi seul' qu' ton amitié préfère,
Tu verras bien que tu n' t'as pas trompé...
Assez, Manon, dit l'autr', je n' t'écout' guère;
Plus qu' ça d'amour ! Merci, moi j'ai soupé !

T'es t'un farceur, toi, qui fais tes bamboches
Dans l' prospectus où c' que tu lui promets,
Au bon enfant qui veut vider ses poches,
Des dividend's, des prim's, des intérêts.
J' lis ton affiche, et, mauvais actionnaire,
Par tes millions je n' suis pas attrapé :
Assez, mon p'tit, que j' dis, je n' t'écout' guère,
Plus qu' ça d'argent ! Merci, moi j'ai soupé !

Jadis au bal, la coutume était bonne,
Un r'pas la nuit ranimait les danseurs ;
Des p'tits soupers qu'à c't' heure on abandonne
J' connais des gens qui r'grett'nt ben les douceurs.
Aussi, quand j' vois qu'un garçon m'offre un verre
D'une eau quelconque après qu' j'ai galopé :
Assez, mon p'tit, que j' dis, je n' t'écout' guère ;
Plus qu'ça de r'pas ! Merci, moi j'ai soupé !

Sur c' drôl' de r'frain j'ai fait, sans qu' ça paraisse,
P't'êtr' vingt couplets ; j'en passe et pour raison,
A preuv' qu'hier comm' je n' manqu' pas d' hardiesse,
J'étais t'entrain d' les dir' dans un' maison :
Lors un voisin en r'gardant par derrière
De d'ssus l' papier qu' j'en avais dév'loppé :
Assez, mon p'tit, qu'i' m' dit, je n' t'écout' guère ;
Plus qu' ça d' couplets ! Merci, moi j'ai soupé !

ÊTRE EMBAUMÉ!

Air : Ermite, bon ermite.

Du progrès quel symptôme
Vient se montrer chez nous :
Je suis mort, on m'embaume,
  Oui, l'on m'embaume,
Est-il rien de plus doux?

Au pauvre comme au riche
Ce bonheur est permis;
Un artiste l'affiche,
Il travaille à tous prix.
Lui, savant comme un livre,
Vous embaume… et voilà!
On est content de vivre
Pour voir ces choses-là

Du progrès, etc.

Ce monsieur nous réserve
Ses soins bien importants :
Il nous prend, nous conserve,
Et c'en est pour longtemps.
Sa science profonde
Va narguer le destin,
Puisque jamais du monde
On ne verra la fin.

Du progrès, etc.

Vive l'économie !
Ici ce n'est qu'un jeu,
Et l'on devient momie
En dépensant fort peu.
Quand le moment approche,
Faudrait ne pas sentir
Quelques francs dans sa poche
Pour s'ôter ce plaisir.

Du progrès, etc.

A ce moyen unique
Si nous avons recours,
Au temps faisant la nique,
Nous durerons toujours.
Quel charme l'on éprouve,

Même après trois mille ans,
Lorsque l'on se retrouve
Au milieu des vivants !

Du progrès, etc.

Nobles qu'un nom suprême
Remplit de vanité,
Qui de la tombe même
Craignez l'égalité,
Qu'on vous embaume vite
Dans les règles de l'art,
Et, s'il vous plaît, ensuite.
Vous ferez corps à part.

Du progrès, etc.

Auteurs qui du génie
Encensez les autels.
Comme à l'Académie
On vous fait immortels.
Que vos plaintes finissent.
Tout s'arrange ici-bas !
Si vos œuvres périssent.
Vous ne périrez pas.

Du progrès, etc.

Payons par du solide
L'auteur de ce bienfait,
Et qu'une pyramide
L'éternise en effet.
Un beau jour, dans son gîte
Pénétrant sans efforts,
Pour lui faire visite
Nous nous rendrons en corps.

Du progrès quel symptôme
Vient se montrer chez nous !
Je suis mort, on m'embaume,
    Oui, l'on m'embaume,
Est-il rien de plus doux ?

CE QUI ME CONSOLE

Air : Mon rocher de Saint-Malo.

Rien ne me désole,
Tant j'ai l'humeur folle !
Arrive peine ou regret
Je suis toujours prêt.
En moi j'ai l'étoffe
D'un vrai philosophe.
Je ris, je chante... et soudain
Adieu le chagrin !
Adieu le chagrin !

Si la vie a ses orages,
N'en soyons pas mécontents ;
Un ciel toujours sans nuages
Nous lasserait du beau temps.
Le malheur m'a converti,
Sur tout je prends mon parti,

Et je me console,
Tant j'ai l'humeur folle, etc.

Dans ma bourse assez légère
On lit mon budget au mieux,
Mais voilà qu'un pauvre hère
Me paraît encor plus gueux :
J'ai peu de chose aujourd'hui,
Je le partage avec lui

Et je me console, etc.

Dans certaine commandite
J'avais placé mon avoir ;
Le directeur fait faillite.
A mes fonds je dis bonsoir.
Mais, en risquant tout mon bien,
Je n'ai perdu que le mien,

Et je me console, etc.

Voyez, quand la table est mise,
On ne rencontre chez moi
Ni poulet ni friandise…
Vous devinez le pourquoi.
A mon repas si petit
J'apporte un bon appétit !

Et je me console, etc.

Est bien venu qui me prêche
Le bonheur d'être piéton ;
Je n'ai chevaux ni calèche,
Je ne donne pas le ton.
Mais pour narguer nos Crésus
Il me reste l'omnibus !

Et je me console, etc.

D'une blonde au regard tendre
J'avais cru toucher le cœur ;
Un billet vient de m'apprendre
Combien j'étais dans l'erreur.
Mais peut-être, sans cela,
Demain je la plantais là.

Et je me console, etc.

L'âge a changé ma personne,
Et j'en suis un peu confus ;
Ma chevelure grisonne,
Je ne me reconnais plus ;
Mais tant d'autres, sur ma foi,
Ont vieilli bien avant moi !

Et je me console, etc.

Des maux qui troublent la vie
Si j'ai longtemps à souffrir,
Je pourrais, l'âme affaiblie,
Perdre l'espoir et gémir.
Mais je sais qu'un jour viendra
Où tout cela finira ;

    Et je me console,
    Tant j'ai l'humeur folle !
Arrive peine ou regret
    Je suis toujours prêt.
    En moi j'ai l'étoffe
    D'un vrai philosophe,
Je ris, je chante... et soudain
    Adieu le chagrin,
    Adieu le chagrin !

LA TAPISSIÈRE

CHANT DE DÉPART

Air de la Tritonnienne.

Malgré vent et poussière,
Fuyant loin de Paris,
Roule la tapissière
Qui porte les amis !

Pour l'ombre et le feuillage,
Paris, nous te quittons !
Voici notre équipage,
Partons, amis, partons !
La matinée est belle,
Nous aurons un beau soir,
Et la gaieté fidèle
Avec nous vient s'asseoir.

Malgré vent et poussière, etc.

Ce n'est point la calèche
Aux chevaux élégants ;
Qu'importe! rien n'empêche
Et nos ris et nos chants.
Le plaisir qui nous pousse
Nous fait trouver ici
La banquette plus douce,
Le chemin plus uni.

Malgré vent et poussière, etc.

Est-il un meilleur gîte
Qu'on puisse nous offrir?
Chaque rideau s'agite
Au souffle du zéphyr.
Grâce à notre berline,
Plus d'un cahot soudain
Fera sur la voisine
Retomber le voisin.

Malgré, etc.

Sous un bosquet tranquille,
A table bien longtemps,
Aux pâtés de la ville
Joignons les fruits des champs.
Et pour qu'à la campagne
Le repas soit complet,

Marions le champagne
Au petit vin clairet.

Malgré, etc.

Au festin qui s'apprête
Nous aurons tous accès ;
C'est bien l'heure où la fête
Offre le plus d'attraits.
Dans nos transports avides
Ramenons sans chagrins
Et nos bouteilles vides
Et nos estomacs pleins.

Malgré, etc.

Le terme du voyage
Pour nous va s'approcher ;
Vois là-bas ce village,
Fouette, fouette, cocher !
Que rien, dans cet espace,
N'arrête notre élan.
Vous, piétons, faites place
Au joyeux char à banc !

Malgré vent et poussière,
Fuyant loin de Paris,
Roule la tapissière
Qui porte les amis !

ÇA N' FAIT PAS D' MAL

Air :

Au nom de la science,
Mon docteur breveté
M'apporte une ordonnance
Bonne pour la santé :
Il prêche l'abstinence
Et la sobriété ;
   Car de l'eau claire
   C'est, je l'espère,
   Bien salutaire
   Et bien frugal.
Le précepte est valable,
Mais bon vin, bonne table,
   En général,
   Ça n' fait pas d' mal.

C'est un bonheur factice
Que l'or donne en tout temps ;

L'or devient le complice
De nos mauvais penchants ;
Pauvreté n'est pas vice,
Mes amis, je le sens.
   Qu'on se maîtrise,
   Et l'on méprise
   Avec franchise
   Un vil métal.
Mais, quoique rien ne tente,
De bons écus de rente,
   En général,
   Ça n' fait pas d' mal.

La plus belle parure
D'un sexe trop flatté
Consiste, on nous l'assure,
Dans la simplicité ;
L'art gâte la nature
Et nuit à la beauté.
   Regard sévère
   Peut encor plaire,
   D'une âme austère
   C'est le signal ;
Mais un peu de folie
Et de coquetterie,
   En général,
   Ça n' fait pas d' mal.

De cet amant docile
Voyez le goût discret :
Son amour est tranquille
Et le calme lui plaît ;
Les salons de la ville
Pour lui n'ont plus d'attrait.
    Il leur préfère
    Une chaumière
    Et sa bergère,
    Tableau moral !
Mais avec ce qu'on aime
Un petit château même,
    En général,
    Ça n' fait pas d' mal.

Pour l'homme qui s'exerce
A n'être pas trompé,
Le vrai mérite perce
Sous un habit râpé ;
Par la fortune adverse
On peut être frappé.
    Sans étalage
    Se montre un sage,
    C'est un adage
    Assez banal :
Au plus grand philosophe,
Habit de belle étoffe,

En général,
Ça n' fait pas d' mal.

Un défaut se pardonne
Quand on parle raison ;
Toute morale est bonne,
Serait-elle en chanson.
De l'auteur qui la donne
On reçoit la leçon.
  Rime légère,
  Couplet vulgaire,
  Peut satisfaire
  Son tribunal.
Mais, malgré l'indulgence,
Un peu d'esprit, je pense,
  En général,
  Ça n' fait pas d' mal.

EMBRASSONS-NOUS ET QU' ÇA R'COMMENCE !

CHANSONNETTE

Air :

Je ne sais vraiment quel auteur
Dans un refrain, avec malice,
Nous dit, un jour de belle humeur :
Embrassez-vous et qu' ça finisse.
Pour moi, qui vais toujours glanant,
Ce refrain a de l'importance ;
Je m'en empare maintenant
Et je chante en le retournant :
Embrassons-nous et qu' ça r'commence !

Plus d'un oncle jure, morbleu !
Après les traines indiscrètes
D'un mauvais sujet de neveu
Dont il paya souvent les dettes.
Mais le neveu, des plus bouffons,
Quand l'oncle acquitte la dépense,

Tout bas, dans ses regrets profonds,
Se dit, en recevant les fonds :
Embrassons-nous et qu' ça r'commence !

Sur nous le destin tour à tour
Doit dresser son niveau suprême ;
Nous le savons : il faut un jour
Se séparer de ceux qu'on aime.
Quand l'âge trompe nos efforts,
Quand du temps le pouvoir immense
De la vie use les ressorts,
Que ne peut-on se dire alors :
Embrassons-nous et qu' ça r'commence !

Bien souvent deux camps ennemis,
La veille d'un jour de bataille,
Par une trêve réunis,
Défoncent plus d'une futaille.
Mais arrive le lendemain,
Aux armes quand chacun s'élance ;
On se dit, se serrant la main :
Du combat voici le chemin ;
Embrassons-nous et qu' ça r'commence !

Des ambitieux effrontés
Voyez ce modèle vulgaire ;
Argent, places et dignités,

Rien ne saurait le satisfaire.
Il se tourne avec son trésor
Vers la fortune qu'il encense :
Il n'en a pas assez encor,
Et lui répète, gorgé d'or :
Embrassons-nous et qu' ça r'commence !

Je me croirais au paradis
Quand je vois, rapprochés ensemble,
De bons vivants, de gais amis,
Que le même banquet rassemble.
Ne laissons pas se dégarnir
La table où nous faisons bombance ;
Notre appétit peut revenir,
Et, puisque ça vient de finir,
Embrassons-nous et qu' ça r'commence !

Lorsqu'il chante avec embarras
Une nouvelle chansonnette,
Hélas ! on ne se doute pas
Que l'auteur est sur la sellette.
Il éprouve un léger frisson,
Mais il reprend son assurance
Dès que chacun à l'unisson
Fit, en parlant de la chanson :
Embrassons-nous et qu' ça r'commence !

JE SUIS LA, ME VOILA!

Air : Les Gueux, les Gueux.

C'est le plaisir que je guette
Et partout il me convient :
Riches salons ou guinguette,
Dès que le plaisir y vient,
   Moi je suis là,
  Tra, déri, déra,
    La, la,
   Me voilà !
  La, la, la, la !

Afin que tout corresponde
A mes goûts facétieux,
Sitôt que je vins au monde,
Je m'écriai tout joyeux :
   Moi je suis là, etc.

Que la fortune à ma porte
Un jour vienne à se montrer,

Je dirai d'une voix forte :
Prenez la peine d'entrer !
   Moi je suis là, etc.

Hier la fièvre me gagne,
Déjà fuyait ma raison,
Mais, grâce au vin de Champagne
Qu'on me fit prendre à foison,
   Moi je suis là, etc.

Du malheur, de la souffrance,
Le poids nous accablerait,
Si bien vite l'Espérance
Ne venait dire en secret :
   Moi je suis là, etc.

Chez ma belle je rencontre,
L'autre jour en arrivant,
Certain rival qui se montre
Et dit en m'apercevant :
   Moi je suis là, etc.

Au cœur de jeune fillette
L'amour frappe en insistant ;
Qu'elle se taise, il répète
Ces mots qu'enfin elle entend :
   Moi je suis là, etc.

Le drame se manifeste
Par plus d'un vain hurlement ;
Le vaudeville modeste
Se glisse et vous dit gaiement :
     Moi je suis là, etc.

Créanciers, race sensible,
Venez quelquefois me voir ;
Vous payer m'est impossible ;
Mais, pour bien vous recevoir,
     Moi je suis là, etc.

Chez les grands, c'est par missive
Qu'un dîner vous est offert ;
Chez les petits, on arrive,
On dit : Mettez mon couvert,
     Moi je suis là, etc.

Faut-il, flattant la maîtresse
Du grand bal où je me rends,
Faire galoper sans cesse
Fillettes et grand'mamans,
     Moi je suis là, etc.

Amis, tout ce qu'on désire
Est bien ce qui me plaira :
Faut-il jouer, chanter, rire,

Manger, boire et cétéra,
  Moi je suis là,
  Tra, déri, déra,
    La, la,
    Me voilà!
  La, la, la, la!

N, I, NI, C'EST FINI !

Air : Le cordon, s'il vous plaît !

Jadis que d'heureuses chimères !
Les amants étaient sans détours,
Et quel plaisir pour nos grand'mères !
On voyait de vieilles amours,
Bien vieilles !... Ça durait toujours.
A présent ce n'est plus de même,
On se trouve, on se prend, on s'aime,
Puis avant un mois accompli,

    N, i, ni, c'est fini,
    N, i, ni (*bis*), c'est fini,
    N, i, ni, c'est fini,
    C'est fini, c'est fini !

L'hymen, dans plus d'une famille
Est un marché que l'on fera :
On cherche un mari pour sa fille :
Vainement le cœur parlera.

C'est le plus riche qui l'aura.
Bientôt un adjudicataire
Se présente pour cette affaire ;
Si l'amant n'a pas enchéri,
    N, i, ni, c'est fini, etc.

Pauvre fleur ! ta tige légère
Cède au moindre souffle des vents ;
Ton existence passagère
Ne se compte que par instants :
C'est la beauté dans son printemps
Fleurette au parfum qui s'envole,
Hélas ! que ta fraîche corolle
Un hiver reste sans abri,
    N, i, ni, c'est fini, etc.

Pauvre fleur, de tes destinées
L'homme à son tour subit la loi :
Le temps emporte ses années
Et l'hiver, qui fait ton effroi,
Vient le surprendre comme toi.
Aussi les amours font la guerre
Au galant vieillard qui veut plaire ;
En vain il se croit rajeuni !
    N, i, ni, c'est fini, etc.

Vive la table et son ivresse
Quand la gaieté prend le dessus !

J'aime cette folle allégresse,
Ce mouvement, ce bruit confus,
Cela fait boire un coup de plus.
Sur moi lorsque le charme opère,
Vite je présente mon verre ;
Tout aussitôt qu'il est rempli,
    N, i, ni, c'est fini, etc.

Hier, d'un dîner d'étiquette
On m'invite à prendre ma part ;
Pendant plus d'une heure je guette
Les omnibus du boulevard...
J'arrive!... Il était un peu tard.
Sentant la faim qui me talonne
J'entre... A table il n'est plus personne
Au salon je n'entends qu'un cri :
    N, i, ni, c'est fini, etc.

Voyez, lorsque rien ne l'arrête,
Où mène la célébrité :
D'un conquérant ou d'un poëte
Jusque dans la postérité
Le nom partout sera cité.
Mais, pour l'homme obscur qui végète,
Dans la tombe où la mort le jette
A peine s'est-il endormi,
    N, i, ni, c'est fini, etc.

L'espoir en notre âme domine,
On met l'avenir à profit,
Et cependant tout se termine :
Près des grands la faveur finit,
On voit finir son appétit.
Dans le cercle où je me renferme,
Puisque toute chose a son terme,
Ma chanson doit l'avoir aussi !...

  N, i, ni, c'est fini !
  N, i, ni (*bis*), c'est fini,
  N, i, ni, c'est fini,
  C'est fini, c'est fini !

LE CIGARE ET LE PETIT VERRE

Air du Verre.

Dans tous leurs couplets que j'ai sus,
Mes confrères en chansonnette
N'ont jamais rien mis au-dessus
Du champagne ou de la piquette.
Puisque, dans ses goûts différents,
Chacun vante ce qu'il préfère,
Moi je veux mettre aux premiers rangs
Le cigare et le petit verre.

L'un nous offre, avec ses vapeurs
Qui nous enivrent à la ronde,
L'image des rêves trompeurs
Et des vanités de ce monde.
L'autre, pour supporter le mal,
Donne la force nécessaire,
Et voilà le côté moral
Du cigare et du petit verre

O fortune ! écoute mes vœux,
Avec moi deviens plus traitable ;
De bons vivants, francs et joyeux,
J'aimerais entourer ma table.
Ce bonheur ne m'est pas permis.
Heureux encor, dans ma misère,
De pouvoir offrir aux amis
Le cigare et le petit verre !

Quand sur les flots impétueux
Tant de marins bravent l'orage,
En secret je tremble pour eux,
J'admire leur noble courage.
Mais qu'ils savent mieux me toucher,
Par un zèle que je révère,
Lorsqu'au loin ils s'en vont chercher
Mon cigare et mon petit verre !

D'un garçon je vous décrirais
En quelques mots tout le ménage :
Un lit, deux chaises, à peu près
Composent son petit bagage.
Puis fillette aux simples atours,
Et, sur une table légère,
Parfois des livres, mais toujours
Le cigare et le petit verre !

Sous le poids de chagrins cuisants
Lorsque notre âme est abîmée,
Qu'un excès égare nos sens,
Et notre souffrance est calmée.
S'ils offrent contre un sort affreux
Une ressource passagère,
Ah! n'ôtons pas au malheureux
Son cigare et son petit verre!

CHARIVARI !

Air de la Ronde de la Ferme et le Château.

Parmi nous qu'un travers circule,
De nos coups il est à l'abri ;
Mais, pour frapper le ridicule,
Pour que le vice soit flétri,
Nous avons le charivari.
Charivari ! que l'on s'apprête,
Amis, il faut faire une enquête !
Eh ! boum, boum, boum, boum, boum, d'zing, d'zons,
Allez, cornet, chaudron, pincette !
Boum, boum, boum, boum, boum, boum, d'zing, d'zons,
En avant ! charivarisons !

Venez, amateurs de scandales,
Le tumulte est votre élément :
Dans nos joyeuses bacchanales

Non sans bruit, mais assez gaiement,
Nous infligeons un châtiment.
Vous, flâneurs, liseurs de gazette,
Accourez! c'est un jour de fête !
Eh! boum, etc.

A nous ce philanthrope habile
Qui, s'il veut faire un peu de bien,
Semble dire à toute la ville :
Est-il un meilleur citoyen?
Regardez, regardez-moi bien !
Louons sa charité discrète
Qui va sonnant de la trompette !
Eh! boum, etc.

Voyez-vous ce grand dignitaire
Qui passe chargé de butin ;
A peine s'il en fait mystère,
On ne lui glisse pas en vain
Gros cadeaux et gros pots-de-vin.
Le voilà comptant sa recette :
Amis, que la leçon soit prête !
Eh! boum, etc.

Dans une voiture dorée
Où plongent les regards jaloux,
Quelle est cette fille parée

De diamants et de bijoux ?
Camarades, approchons-nous.
Sous son costume de grisette
J'ai déjà reconnu Suzette.
Eh ! boum, etc.

A nous, dans sa misanthropie,
A nous, ce triste buveur d'eau,
Qui, des misères de la vie
S'il envisage le tableau,
Ne peut supporter son fardeau ;
Qui pour s'égayer ne se jette
Que sur le cidre ou la piquette.
Eh ! boum, etc.

Charivari, pour pénitence,
A tout député qui se vend,
A l'écrivain sans conscience,
Au journaliste que souvent
On voit tourner au moindre vent !
Au courtisan, marionnette
Dressée à faire la courbette !
Eh ! boum, etc.

Notre vacarme diabolique
Va réveiller les alentours,
Mais à la morale publique

Lorsque ainsi nous prêtons secours,
Ça vaut mieux que de beaux discours.
Souvent le coupable s'arrête
S'il peut se douter qu'on le guette.
Eh! boum, boum, boum, boum, boum, d'zing, d'zons,
Allez, cornet, chaudron, pincette!
Boum, boum, boum, boum, boum, boum, d'zing, d'zons,
En avant! charivarisons!

A CHAQUE CHOSE IL FAUT DONNER SON COURS

Air :

Tout est soumis à des lois éternelles :
L'écho toujours réfléchira le bruit,
Toujours l'étoile aux vives étincelles
Dans un ciel pur viendra briller la nuit.
Les fruits, les fleurs, les champs et la verdure
Ont leurs saisons, leurs passés, leurs retours.
Ainsi le veut l'ordre de la nature ;
A chaque chose il faut donner son cours.

Quand l'avenir devant nous se déploie,
Que le bonheur sourit à nos efforts,
Donnons passage au cri de notre joie,
Qu'elle s'exhale et se montre au dehors.
Mais, du malheur lorsque la main sauvage
Vient nous frapper sans espoir, sans recours,
Pleurons, pleurons ! une larme soulage ;
A chaque chose il faut donner son cours.

Pour nous la vie, en ses phases changeantes,
Mêle aux plaisirs des chagrins inouïs ;
Vous nous quittez, illusions charmantes,
Rêves si doux bientôt évanouis !
Pourquoi s'en plaindre ? Hélas ! à peine écloses,
Voyez ces fleurs et comptez leurs beaux jours.
Les doigts du temps effeuillent bien des roses ;
A chaque chose il faut donner son cours !

Dans la jeunesse, au soleil qui rayonne,
Combien s'étend notre vaste horizon !
Comme le fruit alors que vient l'automne,
Sur le déclin mûrit notre raison.
Folie, adieu ! Passez, heures légères !
Avec le temps marchons, marchons toujours !
Pour un autre âge, il est d'autres chimères ;
A chaque chose il faut donner son cours.

Voici venir cette saison riante
Qui de la neige a chassé les flocons.
Où la gaieté s'échappe pétillante
Avec le vin que versent nos flacons.
Le fleuve au loin roule ses ondes claires :
Il fuit, s'égare et fait mille détours,
Et nous, joyeux, nous remplissons nos verres ;
A chaque chose il faut donner son cours !

Que le ruisseau sous le gazon se cache,
Que le printemps succède aux froids hivers,
Que l'oiseau chante et que le lierre attache
Aux vieux rameaux ses rameaux toujours verts;
Laissons penser le poëte à la gloire,
La jeune fille à ses jeunes amours;
Que le guerrier nous parle de victoire;
A chaque chose il faut donner son cours.

LA FÊTE DE LA GARE

Air : Tout le long de la rivière.

C'est fête au village voisin
Et chacun en prend le chemin :
Partout où le plaisir l'invite,
Une foule se précipite,
Et sur la route que voilà
L'un arrive et l'autre s'en va.
Mais tout cela n'est pas chose bien rare,
Et c'est dans le monde, amis, comme à la Gare,
C'est comme à la fête de la Gare !

Entendez ces cris, ces tambours ;
Quels gens n'en deviendraient pas sourds ?
Par ces rumeurs accoutumées,
Bien des oreilles sont charmées,
Et le flot du peuple est conduit
Vers celui qui fait plus de bruit.
Mais tout cela, etc.

Aux petits enfants, vos bijoux,
Bons papas, donnez des joujoux ;
Ne blâmez pas leur exigence,
Pour eux ayez de l'indulgence ;
Devant maints hochets attrayants,
Que d'hommes sont encore enfants !
Mais tout cela, etc.

À la course le plus malin
Assez souvent reste en chemin ;
Il ne suffit pas d'être habile,
Mais il faut encore être agile,
Et le mérite est à l'écart
Pour peu qu'il arrive trop tard.
Mais tout cela, etc.

Certain jeu saura m'arrêter :
Un numéro va me tenter ;
Qu'il soit bon, heureuse pratique,
J'aurai le choix dans la boutique ;
Pour réussir, je n'ai besoin
D'esprit, de talent ni de soin...
Mais tout cela, etc.

Pour les sauteurs, quelle bonté !
On vante leur agilité.
Chez eux, dès que l'argent abonde,
Ils sauteraient pour tout le monde.

Pour celui-ci, pour celui-là ;
C'est toujours à qui sautera.
Mais tout cela, etc.

A la joute, lanceurs adroits,
Vous devenez bientôt des rois,
Et le plus fort, dans cette guerre,
L'emporte sur son adversaire ;
Le vaincu n'a point de flatteur,
Mais on applaudit le vainqueur.
Mais tout cela, etc.

Voyez éclater dans les cieux
Ces artifices lumineux ;
Voyez des brillantes fusées
Les étincelles embrasées…
Que reste-t-il de tant d'apprêts ?
De la fumée, et rien après !
Mais tout cela, etc.

Quand l'amitié nous traite ici,
Nous y trouvons, sans nul souci,
Le lundi comme le dimanche,
Du vin blanc, une gaieté franche,
Pour nos appétits aiguisés.
Repas avec art disposés.
Et tout cela, je crois, est assez rare.
Tout le monde, amis, n'est pas comme à la Gare
Ce n'est pas partout comme à la Gare !

L'HOMME TRANQUILLE

Air du Père Trinquefort.

Moi, je suis d'une humeur tranquille,
Me remuer n'est pas chose facile ;
Souvent, plein d'un zèle inutile,
On se fatigue pour un rien.
      Exemple, je sais bien
Qu'à trop courir si l'on s'efforce,
      C'est assez le moyen
D'attraper un rhume, une entorse.
Le mouvement, en vérité,
Ne convient pas à ma santé ;
Aussi, dans la société,
Mes chers amis, je n'aime pas
Ces gens qui font tant d'embarras,
Qui cherchent le bruit, le fracas.
Autour de moi qu'on s'écrase ou se foule,
Sans me troubler, doucement je m'écoule,
Et je poursuis, toujours du même train,
Mon tout petit bonhomme de chemin.

Allez, marchez, courez vite.
Vous qu'un rien agite;
Moi, j'ai peur, en me pressant,
De m'échauffer le sang.

Pourquoi cette ardeur importune?
Voit-on courir le soleil et la lune?
Ils suivent leur route commune,
Et j'espère bien posément.
En un jour seulement
La terre ne fut pas formée;
La fleur bien doucement
Ouvre sa corolle embaumée.
Comptez encore chaque instant,
Pour que l'arbre devienne grand,
Que l'homme cesse d'être enfant.
Je veux qu'une sage lenteur
Règle tout, sans trop de rigueur,
Tout, jusqu'au sentiment du cœur.
Ici j'écoute une raison sévère;
Les passions ne sont pas mon affaire :
Est-ce la haine? Elle me trouble peu;
Est-ce l'amour? Je brûle à petit feu.
Allez, marchez, etc.

Je le sais par expérience,
Avec du temps et de la patience,

Toute chose que l'on commence,
Tôt ou tard arrive à sa fin.
   Comme j'en suis certain,
Le temps ne m'inquiète guère,
   Et je ferai demain
Ce qu'aujourd'hui je n'ai pu faire.
Je sais bien qu'avec tout cela
Jamais il ne m'arrivera
Emplois, honneurs et cétéra ;
Je le sais bien ; que voulez-vous ?
Le repos me semble si doux !
Et puis, mais soit dit entre nous :
Le sort, bien loin de me garder rancune,
Peut me servir ; eh bien, si la fortune
Pour m'obliger veut m'atteindre, ma foi !
Elle n'aura qu'à courir après moi.
   Allez, marchez, courez vite,
     Vous qu'un rien agite ;
   Moi, j'ai peur, en me pressant,
     De m'échauffer le sang.

CHATILLON

Air :

Dans ce logis, et l'art et la nature
Aux goûts divers semblent s'être prêtés :
Salle à manger sous un toit de verdure,
Des fruits, du vin, des fleurs et des pâtés.
Grâces aux soins d'une main bien habile,
Tout à la fois, comme un doux aiguillon,
Nous retrouvons la campagne et la ville
    Sous l'ombrage de Châtillon.

Armés ici de bêches et de plumes,
Au moins par goût, si ce n'est par état,
Nous cultivons les arts et les légumes ;
Ce double champ est souvent bien ingrat !
Malgré cela (j'en donne ma parole),
Quand la chaleur féconde le sillon,
Rien n'est piquant comme la gaieté folle
    Et les radis de Châtillon !

Chez nous, jamais une froide étiquette
N'a de Momus étouffé le grelot,
Et nous puisons dans des flots de piquette
Le trait aigu d'un refrain, d'un bon mot.
Heureux encor lorsqu'à notre requête
De bons amis un joyeux bataillon
S'en vient parfois peupler la maisonnette
    Et les bosquets de Châtillon !

D'un temps heureux nous conservons l'image,
Vers le passé, retour plein de désirs !
Et, comme il est des plaisirs pour chaque âge,
Chaque âge aussi garde ses souvenirs.
Moi, je le sens, quand mon âme glacée
Sera muette à toute émotion,
J'aurai toujours présent à ma pensée
    Le souvenir de Châtillon !

A DEMAIN !

Air : Vous m'avez dit tout ça cent fois.

Allons, encore un gai refrain,
Je veux que mon verre soit plein ;
    Avec le vin
    Plus de chagrin,
Et, quand le temps viendra pour m'avertir
    De partir,
Je lui dirai, le verre en main :
Vieillard, attendez à demain.
Encore, encore un gai refrain ;
Vous voyez que mon verre est plein.
A demain, vieillard, à demain !

    Oh ! oui, si le destin
    Ne serre pas nos chaînes,
    Remettons à demain
    Les ennuis et les peines.
    C'est beaucoup pour l'amour.

Le vin et la folie,
De compter dans la vie
Un jour de plus, un jour !
A chacun, sitôt qu'il est né,
Un peu de bonheur est donné,
Aussi, mes chers amis, vivons,
Vivons le plus que nous pouvons !
Oh ! je le sais bien, je le sais bien, les jeunes ans
Font place à des cheveux blancs.
Adieu, dit-on, nos plus beaux jours ;
Mais moi je l'éprouve toujours :
    Avec le vin
    Plus de chagrin, etc.

Tout sert à mon bonheur :
L'astre qui nous éclaire
Pour moi de sa chaleur
Semble animer la terre ;
C'est pour moi que les champs
Étalent leur verdure,
Que le ruisseau murmure
Et que vient le printemps.
Chaque saison, à tout moment,
M'apporte son tribut charmant !
C'est la rose aux fraîches couleurs,
C'est le raisin cher aux buveurs.
Oh ! je le sais bien, etc.

Ah ! pour nous rendre heureux
N'avons-nous pas encore
Ces rêves amoureux
Qu'un regard fait éclore,
Et de l'objet chéri
L'aveu que l'on espère,
Le baiser d'une mère,
Le retour d'un ami !
Et ce repos, calme enchanteur,
Que procure la paix du cœur,
Et le souvenir plein d'attraits
Du bien, des heureux qu'on a faits !
Oh ! je le sais bien, etc.

A demain ! Et joyeux
Je livre au gré de l'onde
Sous un ciel orageux
Ma barque vagabonde
Heureux en mon chemin
De trouver sur la rive
Avec amitié vive
Plaisir, amour, bon vin !
Et puis je suis comme l'oiseau
Qui voltige sur le rameau,
Et qui chante dès le matin
Sans nul souci du lendemain.
Oh! je le sais bien, je le sais bien, les jeunes ans

Font place à des cheveux blancs ;
Adieu, dit-on, nos plus beaux jours,
Mais moi je l'éprouve toujours !
        Avec le vin,
        Plus de chagrin,
Et, quand le temps viendra pour m'avertir
        De partir,
Je lui dirai, le verre en main :
Vieillard, attendez à demain.
Encore, encore un gai refrain ;
Vous voyez que mon verre est plein,
A demain, vieillard, à demain !

MON CHIEN

Air des Cancans.

J'ai z'un chien qu' j'aime on n' peut plus,
Un chien qu' est rempli d' vertus ;
J' n'en dirai jamais trop d'bien,
Car, mes amis, en fait d' chien,
   Nom d'un chien !
  N'y a pas d' chien
Qui soit pus fameux que l' mien;
   Nom d'un chien,
    C'est z'un chien
Qu' en r'montre à plus d'un chrétien !

Très-souvent il s'est baigné
Et son corps est bien peigné,
Sa barb' du poil le plus beau
N' cach' pas du tout son museau.
   Nom d'un chien, etc.

Pour un pauvre il r'çut longtemps
Les aumônes des passants ;
Exactement il rendait
Tout l'argent qu'il recevait.
　　Nom d'un chien, etc.

Son caractèr' délicat
Fait qu'il n'est jamais ingrat ;
Jamais il ne mord la main
Qui l' nourrit quand il a faim.
　　Nom d'un chien, etc.

Un beau jour qu'il s' promenait,
Au bord de l'eau z'y flanait ;
Un enfant y tomb' dedans ;
Crac, il vous l' sauv' d'un coup d' dents.
　　Nom d'un chien, etc.

Après c'te belle action-là,
V'là tout d' suit' qu'Azor s'en va ;
Il s' dérobe aux embrass'ments
Des papas et des mamans.
　　Nom d'un chien, etc.

Esclave, il n' veut pas plier
Sous le joug de son collier ;

Il sembl' tout d' mêm' qu'il rougit
De c' collier qui le flétrit !
   Nom d'un chien, etc.

Il plaît aux maîtr's d'un château,
Et moi j' leurs en fais cadeau ;
Là comme un prince y vivait ;
J' passe un jour !... Il me r'connaît !
   Nom d'un chien, etc

O malheur inattendu !
C' que j'avais, je l'ai perdu !
Comm' de juste on m'a quitté ;
Azor tout seul est resté.
   Nom d'un chien, etc.

Ce portrait n'est pas flatté ;
Tant pir' pour l'humanité
Si l'homm' se conduit plus mal
Que n' ferait un animal !
   Nom d'un chien !
   N'y a pas d'chien
Qui soit pus fameux que l'mien ;
   Nom d'un chien !
   C'est un chien
Qu'en r'montre à plus d'un chrétien !

LA MANSARDE

Air de la Colonne.

Sous le luxe qui nous dévore
Il n'est pas de borne au désir ;
Plus d'un veut occuper encore
Un espace pour son plaisir
Où vingt autres pourraient tenir.
Mon goût, que jamais je ne farde,
Demande un logis sans fracas :
Je tiens peu de place ici-bas,
Il me suffit d'une mansarde.

Combien ont passé sur la terre
En butte aux destins rigoureux !
Le bonheur que chacun espère
Que partout on demande aux cieux,
Le bonheur est capricieux.
A venir quand il se hasarde,
Au palais, au lambris doré

Que de fois il a préféré
Un petit coin dans la mansarde !

Dans le monde c'est un usage,
Pour mieux asseoir un jugement,
Du mérite, selon l'étage,
On décide communément :
Heureux, heureux l'appartement !
Mais on se trompe par mégarde ;
Car, prétendent les médisants,
Lorsqu'en bas sont les courtisans,
Les amis sont dans la mansarde.

Pour voir un terme à sa misère
Sans cesse l'homme fait des vœux ;
Rien n'est bon comme la prière.
Elle est, dans ses jours douloureux,
L'espérance du malheureux.
La prière est sa sauvegarde,
Et, si l'on tient compte du lieu,
Elle arrive plus vite à Dieu
Quand elle part de la mansarde.

Moi j'aime la mansarde haute ;
Mes plaisirs y sont redoublés,
Quand j'aperçois au loin la côte
Et la ville aux toits rassemblés,

Et, plus près, des champs et des blés.
Grâce à mon humeur campagnarde,
Chaque matin, à mon réveil,
Le premier rayon du soleil
S'en vient éclairer ma mansarde.

Le sort règle notre carrière ;
Il faut, quand nos jours sont usés,
Gagner la demeure dernière
Où les esprits sont apaisés,
Où les rangs sont égalisés.
A l'heure que rien ne retarde,
Qu'importe, illustre ou sans renom,
Qu'on ait brillé dans le salon
Ou végété dans la mansarde !

LA PIQUETTE

Air : Ma tante Urlurette.

Il est un vin peu marquant,
Plus ou moins sûr et piquant,
Qu'on nomme en style guinguette
     La piquette ;
     La piquette !
   J'aime la piquette !

Quand je bois ce vin clairet,
Je me sens plus guilleret ;
Elle me met en goguette.
     La piquette ;
     La piquette, etc.

On peut doubler son emploi,
Et je prends souvent, ma foi,
Pour faire une vinaigrette
     Ma piquette.
     La piquette, etc.

Ici je parle en docteur :
Pour guérir la noire humeur,
Vite, vite, une feuillette
    De piquette !
    La piquette, etc.

De l'amoureux qui gémit
Voulez-vous calmer l'esprit !
Donnez-lui sa chopinette
    De piquette !
    La piquette, etc.

De l'or, il ne m'en faut pas,
Je suis content ici-bas,
Car j'ai petite chambrette
    Et piquette ;
    La piquette, etc.

Moi je n'ai point à trembler
De voir la vigne couler ;
Je crains si peu la disette
    De piquette !
    La piquette, etc.

J'en bois sans être étourdi,
Et suis gras et rebondi ;

Je serais comme un squelette
    Sans piquette.
    La piquette, etc.

J'aime l'ombrage des bois
Lorsque avec gentil minois
J'ai près de moi sur l'herbette
    Ma piquette.
    La piquette, etc.

Qui donne comme un démon
Du courage au plus poltron,
Et de l'esprit au plus bête?
    La piquette.
    La piquette, etc.

Qui fait trouver des attraits
A tous les moindres objets?
Qui sait attendrir Suzette?
    La piquette.
    La piquette, etc.

Souvent on rappelle en vain
La gaieté par le bon vin;
Elle suit sans étiquette
    La piquette.
    La piquette, etc.

Mahomet, quand tu défends
Le bon vin aux musulmans,
Tu permets, en bon prophète
    La piquette ;
    La piquette, etc.

Gais chansonniers d'autrefois,
Qui dictait les chants grivois
De votre verve indiscrète ?
    La piquette.
    La piquette, etc.

Pour qu'il devienne plus fin,
En bouteille on met le vin ;
Moi j'ai mis en chansonnette
    La piquette !
    La piquette !
  J'aime la piquette !

TOUT DOUCEMENT, BIEN AGRÉABLEMENT

Air de Toto Carabo.

Tout passe avec la rime
Et la morale plaît
En couplet ;
Une grave maxime
Reste mieux dans l'esprit
Quand on rit,
Et, si la chanson
Cache une leçon,
On la reçoit vraiment
Tout doucement,
Tout doucement,
Bien agréablement.

Quand l'insomnie horrible,
Au milieu de la nuit,
Me poursuit,
Mon remède infaillible
Est de prendre au hasard.

Sans retard,
Un roman nouveau
Grand in-octavo,
Et je m'endors vraiment
Tout doucement, etc.

Deux regards d'innocence
Exprimeront un jour
De l'amour.
L'amour, sans qu'on y pense,
Profite adroitement
Du moment,
Et, plein de candeur,
Dans un jeune cœur
Il se glisse vraiment
Tout doucement, etc.

Une de mes folies
Serait d'être sultan
Un instant.
De cent femmes jolies
On est le favori,
Le chéri.
On n'a qu'à fumer
A se faire aimer
Et cajoler, vraiment,
Tout doucement, etc

Jeunesse, ta couronne
Perd à chaque saison
Un fleuron.
Le temps qui nous moissonne
Emporte un souvenir,
Un plaisir.
Le corps est brisé,
Le cœur est usé,
Et l'on finit vraiment
Tout doucement, etc.

Chez vous, que rien ne trouble,
Quand le couvert est mis,
Chers amis,
Mon appétit redouble ;
Je ris, je mange et bois
A la fois :
Bœuf, mouton, perdreaux,
Champagne et bordeaux,
Tout ça passe vraiment
Tout doucement, etc.

L'or seul peut satisfaire
Une foule de gens
Exigeants ;
Être millionnaire,
Est-ce donc être heureux ?

Moi, je veux
Par jour cent écus,
Pas un sou de plus,
Et je vivrai, vraiment,
Tout doucement, etc.

Quand d'une chansonnette
Chaque couplet, morgué!
N'est pas gai,
L'auditeur s'inquiète,
Ne sachant pas si ça
Finira ;
Mais, quand le refrain
Arrive à sa fin
Il respire vraiment
Tout doucement.
Tout doucement,
Bien agréablement.

L'AMOUR ET LE POT AU FEU

Air :

Que je plains ce penseur morose
Par un vain système entraîné,
Qui vient, à l'aide de sa prose,
Prétendre, aussitôt qu'il est né,
Qu'à souffrir l'homme est destiné !
Pauvre philosophe ! il oublie,
Pour garder un juste milieu,
Deux biens qui font chérir la vie :
C'est l'amour et le pot-au-feu.

Dans la demeure de ma Lise,
Petite chambre sans éclat,
Quand j'arrive, la table mise,
Le fumet le plus délicat,
S'en vient charmer mon odorat
A table où la faim nous rassemble,
Un baiser suit un tendre aveu.

Et voilà que j'unis ensemble
Et l'amour et le pot-au-feu.

Hélas! de ma Lise infidèle
Je n'ai plus que le souvenir,
Et la fortune, aussi cruelle,
Comme Lise vient de me fuir.
Moi je n'ai pu les retenir.
De me tromper avec adresse,
Quand chacune s'est fait un jeu,
Cette double perte me laisse
Sans amour et sans pot-au-feu.

Au temps de la chevalerie,
Bon troubadour, tu soupirais,
Et, fier de mourir pour ta mie,
Dans ta candeur tu repoussais
L'appui d'un bouillon hollandais.
Aujourd'hui, bien loin de poursuivre
Une vertu qui n'a plus lieu,
Nos amants consentent à vivre
Et d'amour et de pot-au-feu.

Au jeune âge on se passionne;
Pour un rien nos cœurs sont émus;
Dans les veines le sang bouillonne;
Qu'importent des mets superflus

Dès qu'on aime on ne mange plus ;
Mais bientôt la force s'épuise,
Le repos est notre seul vœu,
Et le vieillard prend pour devise :
Moins d'amour, plus de pot-au-feu.

Si l'on juge par l'apparence
Et par le commun sentiment,
Le soleil est la source immense
Qui nous donne éternellement
Et la vie et le mouvement.
J'admets que sa chaleur féconde
Puisse nous ranimer un peu,
Mais, dites, que serait le monde
Sans l'amour et le pot-au-feu ?

LAISSONS COULER L'EAU

Air des Scythes et des Amazones.

Pourquoi gémir quand s'abat sur nos têtes
De maux sans nombre un essaim furieux ?
Aux coups du sort comme au bruit des tempêtes
Le sage oppose un front tout radieux ;
Il s'en remet à la bonté des dieux.
Ainsi, gaiement, nous qui sommes des sages,
De nos douleurs supportons le fardeau :
Viennent les vents, la pluie et les orages,
Chantons toujours et laissons couler l'eau.
  Oui, chantons, et laissons couler l'eau.

Il faut, dit-on, et je vous le conseille,
Donner l'essor à les goûts inconstants ;
Le changement nous plaît et nous réveille,
Il sait doubler tous nos moindres instants ;
Qui donc voudrait d'un éternel printemps ?
Le plaisir suit le cœur le plus volage,

Et de l'amour brisons-nous le réseau :
Des pleurs en vain couvrent un beau visage :
Changeons toujours et laissons couler l'eau,
  Oui, changeons, et laissons couler l'eau.

En route, amis, le plaisir nous appelle :
Les bois sont frais au soleil du matin ;
Sur le gazon, quand la campagne est belle,
On peut dresser la table du festin ;
Voici du vin, du vin et puis du vin.
Auprès de nous, sous un riant feuillage,
Tout doucement murmure un clair ruisseau ;
Les temps sont durs, la vie est un passage :
Buvons toujours et laissons couler l'eau,
  Oui, buvons, et laissons couler l'eau

Buvons, buvons pour perdre la mémoire
De nos destins sur ce globe tout rond ;
On nous a dit qu'au bord de l'onde noire
Caron est là, Caron, le vieux Caron,
Tenant en main son fatal aviron,
Et qu'il attend, paysan ou monarque,
Qu'au sombre fleuve il nous passe en bateau :
Que nous importe et Caron et sa barque ?
Vivons toujours et laissons couler l'eau,
  Oui, vivons, et laissons couler l'eau.

ÇA N' DEVRAIT PAS FINIR COMM' ÇA

Air :

Dans un tableau, pour que l'œil s'y repose,
Il faut des tons nuancés sans effort,
Et le bon goût, quand il règle une chose,
Dans tous ses points veut trouver du rapport :
On ne voit guère une grave romance
Se terminer par un gai tra, la, la !
  De la façon que ça commence,
  Ça n' devrait pas finir comm' ça !

J'aime à te voir, jeunesse ardente et folle :
Tes jours sont beaux, la vie est un printemps,
Et sous ton prisme une vive auréole
Prête aux objets des reflets éclatants.
Mais l'âge vient ; il apporte en silence
Rides, douleurs, catarrhe, et cétéra.
  De la façon que ça commence,
  Ça n' devrait pas finir comm' ça !

A table, amis, goûtons avec délice
De vins choisis le nectar précieux !
Esprit, bons mots et piquante malice,
L'homme par vous se rapproche des cieux.
Encor du vin !... Et l'homme sans défense
Se change en brute, et la raison s'en va.
    De la façon que ça commence,
    Ça n' devrait pas finir comm' ça !

Combien de fois une plaisanterie
A su troubler de joyeux entretiens !
Un léger trait lancé par ironie
De deux amis va briser les liens.
Il faut du sang pour laver cette offense :
Sur le carreau l'un des deux restera.
    De la façon que ça commence,
    Ça n' devrait pas finir comm' ça !

Jeune étourdi, ménage tes richesses ;
A tes écarts, tu ne mets aucun frein ;
Le vin, le jeu, des chevaux, des maîtresses,
De l'hôpital t'apprendront le chemin.
Et le regret de ton imprévoyance
Dans ta pensée ainsi se traduira :
    De la façon que ça commence,
    Ça n' devrait pas finir comm' ça !

A peine entrés sur le seuil de la vie,
De l'avenir nous bravons les rigueurs ;
Et quels tableaux pour notre âme ravie !
Un beau soleil, des amis et des fleurs.
Mais, sans retour, au jour écrit d'avance,
Soleil, amis, fleurs, on vous quittera.

   De la façon que ça commence,
   Ça n' devrait pas finir comm' ça !

LA VIE

Air de la Treille de Sincérité.

    La vie
  Est fort mal définie ;
Selon moi, ce n'est rien de plus,
Rien qu'une course en omnibus.

Ce système qu'ici je prouve
N'est pas à plaisir inventé ;
Chez les anciens on le retrouve
Dès la plus haute antiquité.
Pour eux, le soleil est l'emblème
Qui de la vie offre les traits,
Et le char d'Apollon lui-même
Est un omnibus à peu près.

    La vie, etc.

Notre globe, en ses lois parfaites,
Roule, roule uniformément,

Comme font les autres planètes,
Vrais omnibus du firmament.
Il suit, dans sa marche forcée,
Un chemin qu'il n'interrompt pas,
Ainsi qu'une ligne est tracée
A nos omnibus d'ici-bas.

  La vie, etc.

Dans l'un et dans l'autre équipage,
Nous arrivons plus ou moins tard,
Et, voyageur sans nul bagage,
Chacun prend sa place au hasard.
Qu'on soit à l'aise ou qu'on se serre,
Là, par le destin rassemblé,
Dans l'omnibus et sur la terre,
Sottise, esprit, tout est mêlé.

  La vie, etc.

Notre globe, omnibus immense
Au mystérieux conducteur,
Malgré le nombre et la distance,
Peut recevoir tout voyageur.
Comme chacun y trouve place,
On n'entend pas, dans le trajet,
Prononcer ce mot qui vous glace,
Ce mot si terrible : Complet !

La vie, etc.

Mais cette route générale,
Aucun ne la poursuit toujours,
Et de sa durée inégale
Rien ne saurait changer le cours.
Pour compléter la ressemblance,
Une fois l'instant arrivé,
Vous prenez la correspondance…
Et le voyage est achevé.

La vie
Est fort mal définie;
Selon moi, ce n'est rien de plus,
Rien qu'une course en omnibus.

MON VOISIN CHRISTOPHE

Air de la Treille de Sincérité.

La franchise
Est chose permise,
Mais chaque fois il ne faut pas
Dir' tout haut c' qu'on pense tout bas.

Trop souvent mon voisin Christophe,
Au mépris de l'urbanité,
Veut se poser en philosophe,
Et, par un beau zèle emporté,
Faire briller la vérité.
Sous un prétexte de franchise,
Le cher homme, assez bonnement,
Vous jette au nez une sottise
Comme on ferait un compliment.

La franchise, etc.

Mon voisin implorait naguère
L'appui d'un grand qu'il visita ;
Mais un jour ce fonctionnaire
Lui dit : « Votre demande est là,
« Dans trois mois, nous verrons cela. »
Le voisin, avec assurance,
S'écrie : « Adieu tout mon espoir !
« Dans trois mois, selon l'apparence,
« Vous ne serez plus au pouvoir ! »

La franchise, etc.

Dans une brillante soirée
Où se pressaient maints assistants,
Une femme, belle et parée,
Faisait sonner de temps en temps
Et sa jeunesse et ses vingt ans.
Mais mon voisin, que rien ne trouble :
« Madame, à dire vrai, tenez,
« Moi j'aurais voté pour le double
« Des vingt ans que vous vous donnez. »

La franchise, etc.

Un monsieur montrait à la ronde
Son portrait fort beau de dessin.
On s'approchait, et tout le monde

A le louer était enclin :
« Voyons, voyons, dit mon voisin.
« Un tableau ressemblant est rare ;
« Avec vous, jugeant le portrait,
« Je trouve, quand je le compare,
« Votre nez beaucoup plus mal fait. »

La franchise, etc.

« Quels soucis donne la famille ! »
Nous disait une dame un jour :
« J'ai peine à marier ma fille... »
Lors mon voisin, sans nul détour :
« Ah ! madame, elle aura son tour
« Qu'importe avec mademoiselle
« Des attraits plus ou moins nouveaux ?
« Une dot excite le zèle
« Et rachète bien des défauts. »

La franchise, etc.

Sans regarder si c'est honnête,
Mon voisin fait de l'embarras,
Voyez son humeur indiscrète :
Hier, il trouve sur ses pas
Un médecin, deux avocats.
« Eh bien donc, mes chers camarades, »

Leur dit-il, « combien, à peu près,
« Avons-nous tué de malades?
« Avons-nous perdu de procès? »

          La franchise
        Est chose permise,
Mais chaque fois il ne faut pas
Dir' tout haut c' qu'on pense tout bas.

LE DRÔLE DE PISTOLET

Air : Je suis né natif de Ferrare.

Je me souviens d'un personnage
Que j'ai connu dans mon jeune âge
Et dont l'esprit original
Me parait encor sans égal.
Il ne cachait pas sous un masque
Les traits de son humeur fantasque ;
Dans le quartier on en parlait...
Ah ! le drôle de pistolet !

Il regardait comme une offense
Cette publique bienfaisance
Qui laisse voir aux affligés
La main qui les a soulagés.
Dans sa charité singulière,
Craignant le bruit et la lumière,
Il faisait le bien en secret ;
Ah ! le drôle de pistolet !

Député beaucoup moins austère,
Il aurait pu, du ministère,
Obtenir bien facilement
Des emplois, de l'avancement.
Pour lui-même ni pour son gendre,
Il ne voulut jamais prétendre
Aux moindres faveurs du budget ;
Ah ! le drôle de pistolet !

Il voulait voir chez une femme
Cette grâce qui touche l'âme,
Et non ce dehors affecté
Qui souvent nuit à la beauté.
Il préférait à la coquette
Jeune fille simple et discrète,
Sans diamant, sans bracelet ;
Ah ! le drôle de pistolet !

Dans plus d'une illustre assemblée
Il eût été reçu d'emblée
Si, moins modeste assurément,
Il s'était montré seulement.
Mais, admirez sa bonhomie !
Pour l'asseoir à l'Académie,
Il fallut le prendre au collet :
Ah ! le drôle de pistolet !

Dans ses ouvrages, la science
N'enlevait rien à l'élégance,
Et son style ne sentait pas
La contrainte ni l'embarras.
Dire juste ce qu'il faut dire,
Sans fatigue se faire lire,
C'était là tout ce qu'il voulait...
Ah ! le drôle de pistolet !

Plus exigeant qu'on ne suppose,
Il voulait encore autre chose :
Dans un journal, au loin porté,
Il voulait de la vérité ;
Dans un bon mot de la finesse,
De la gaieté dans une pièce
Et de l'esprit dans un couplet...
Ah ! le drôle de pistolet !

Fuyant les fastes par système,
Il ordonna qu'au jour suprême
Une pierre sans ornement
Recevrait son nom simplement ;
Puis ces deux lignes devaient suivre :
« Ci-gît qui fut content de vivre
« Et qui mourut sans nul regret. »
Ah ! le drôle de pistolet !

9

COUPLETS

CHANTÉS AU MARIAGE DE MON FILS

Air :

Jeunes époux, l'amitié, la famille,
Pour vous fêter viennent se réunir ;
Vous souriez, et dans vos regards brille
Tout votre espoir en un bel avenir.
A la gaieté qu'ici chacun déploie,
On croirait voir, comme un doux précurseur,
Se refléter sur des fronts pleins de joie
   Un rayon de votre bonheur !

Suivant le cours de ses destins prospères,
Mon fils me quitte, il devient votre époux ;
Je le remets en d'autres mains bien chères :
Qu'il soit heureux, ma fille, heureux par vous !
Quand nous brisons une tendre habitude,
Sa mère et moi si nous souffrons du cœur,
Jetez sur nous, dans notre solitude,
   Un rayon de votre bonheur !

Dans mon esprit je me fais une image,
Et j'aperçois des marmots pas bien grands;
Moi, je me plais à leur charmant ramage;
Sur mes genoux voilà que je les prends.
Effet touchant des amours maternelles!
On me regarde, et je vois pleins d'ardeur
De petits yeux me renvoyer, fidèles,
    Un rayon de votre bonheur!

Un temps arrive, et vieux on nous proclame;
De la jeunesse on n'a plus les transports;
Mais du bonheur l'aspect réjouit l'âme
Comme au soleil se ranime le corps.
Ainsi j'aurai de votre heureux ménage,
Pour me charmer, le spectacle enchanteur,
Et pour soleil, au déclin de mon âge,
    Un rayon de votre bonheur!

O mes enfants! vos chaines sont légères,
Restez unis et soyez courageux;
Vous le savez, la vie a ses misères,
Le plus beau ciel est parfois orageux.
Soit que le sort, aux chances incertaines,
Vous favorise ou vous tienne rigueur,
Laissez-moi prendre une part de vos peines,
    Un rayon de votre bonheur!

A MARGUERITE

Air : Un rayon de votre bonheur.

Petite fille, à ton âge aussi tendre
L'esprit encor ne sait rien définir,
Et cependant je veux te faire entendre
   Quelques mots pour ton avenir.
Prête l'oreille à la leçon première
Que doucement ma voix te donnera :
   Marguerite, aime bien ta mère,
   Et le bon Dieu te bénira.

Aime ta mère, et d'un amour immense,
Toi, son espoir, son orgueil aujourd'hui,
Et qu'elle soit, comme une providence,
   Et ton refuge et ton appui.
Dans l'action, même la plus légère,
Où nous cherchons qui nous conseillera,
   Marguerite, pense à ta mère,
   Et le bon Dieu te bénira.

Je vais t'apprendre une chose notoire :
Qui sait aimer sait châtier très-bien ;
Mais les enfants ne veulent jamais croire
    Que ce précepte fait leur bien.
De la raison le langage est sévère,
Et chaque fois qu'elle te grondera,
    Marguerite, embrasse ta mère,
    Et le bon Dieu te bénira.

D'un sentiment que la jeunesse inspire
Je crains pour toi le trouble passager ;
Si dans ton cœur, enfant, tu ne peux lire,
    Si tu n'oses l'interroger,
Tu choisiras le guide qui t'éclaire.
Sois confiante, et, quand l'instant viendra,
    Marguerite, écoute ta mère,
    Et le bon Dieu te bénira.

Qu'il donne ainsi la joie à ta famille,
Tout son bonheur est placé dans ta main.
Dieu veillera sur ton sort, jeune fille
    Qui marches dans le droit chemin.
Suis cette voie, et l'exemple, j'espère,
A tes enfants un jour profitera :
    Marguerite, tu seras mère,
    Et le bon Dieu te bénira !

LES RÊVES

Air :

Rêves attrayants,
Mensonges riants,
O troupe éphémère !
Votre aile légère
Chasse les chagrins
Des pauvres humains.

Bien triste serait de la vie
Le banquet,
Si mainte illusion chérie
Nous manquait.
Bercé par de vaines chimères,
Sans effort,
L'homme ne leur résiste guères,
Il s'endort.
Quelle âme ne se trouve heureuse,
Douce erreur,

Dans l'ombre même vaporeuse
    Du bonheur !

    Rêves attrayants, etc.

Étendez sur bien des misères
    Vos filets ;
Voltigez autour des chaumières,
    Des palais.
Sur les maux que Dieu nous envoie
    Aujourd'hui,
Versez votre baume : la joie
    Et l'oubli.
Faites que l'amoureux n'espère
    Pas en vain,
Que le buveur trouve son verre
    Toujours plein.

    Rêves attrayants, etc.

Celui que le mal tient sans cesse
    Agité,
Rêve dans l'espoir qu'il caresse
    La santé.
L'artisan, couché sur la dure,
    En haillons,
Rêve dans sa mansarde obscure
    Des millions.

Du bonheur la seule apparence
  Un moment
Rachète un siècle de souffrance,
  De tourment !

  Rêves attrayants, etc.

Grâce à vous, fillette pensive,
  Un beau jour,
Rêve dans sa candeur naïve
  A l'amour.
Un buisson, la feuille qui tremble,
  Une fleur,
Tout la captive et parle ensemble
  A son cœur.
Jeune enfant, ta paupière est close
  De sommeil ;
Je ne crains pour toi qu'une chose :
  Le réveil.

  Rêves attrayants, etc.

Je ne vous ai point, chères ombres,
  Imploré ;
Ne suis-je pas d'amis sans nombres
  Entouré ;
Et puis, lorsque je vois encore
  Près de moi,

Tendre famille que j'adore
    Sur ma foi !
Je me dis que le ciel seconde
    Mon désir,
Car j'ai tous les bonheurs du monde...
    Sans dormir.

    Rêves attrayants,
    Mensonges riants,
    O troupe éphémère !
    Votre aile légère
    Chasse les chagrins
    Des pauvres humains.

FIN.

TABLE

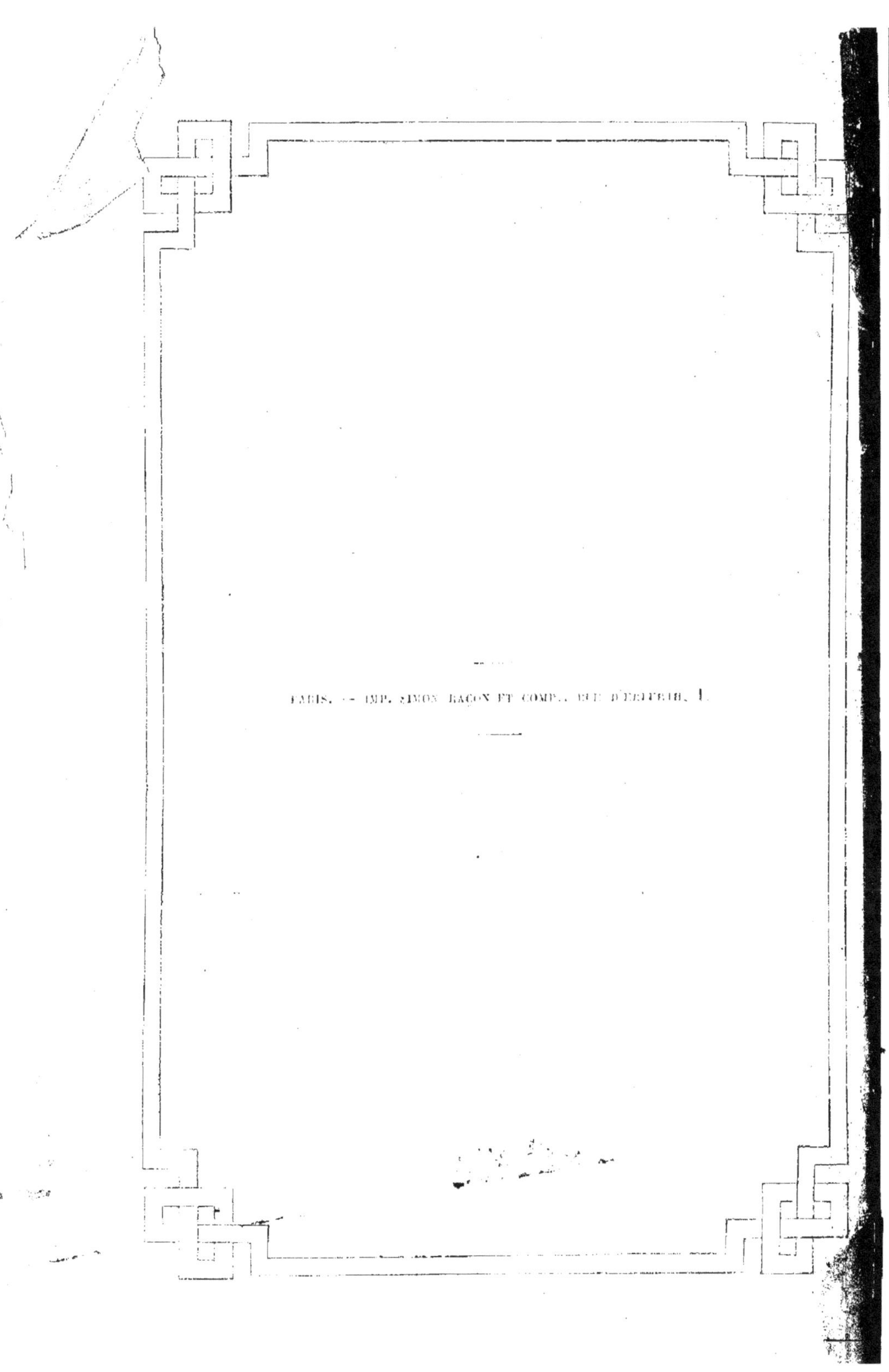

PARIS. — IMP. SIMON RAÇON ET COMP., RUE D'ERFURTH, 1.